LOS 27 CONTROLES CRITICO
INFORMATICA

UNA GUIA PRACTICA PARA GERENTES Y
CONSULTORES DE SEGURIDAD INFORMATICA

Sergio Castro Reynoso
Alianza de Seguridad Informática

1ª edición, 2012

CAPITULO 1: INTRODUCCION

1.   El objetivo de este libro es presentar una metodología fácil de implementar, que le permita al responsable de seguridad informática asegurar lo más rápido posible los datos de su empresa u organización, utilizando 27 controles críticos. Es una metodología 100% práctica; está enfocada a obtener resultados inmediatos, y no a documentar procesos.

El Problema Fundamental de la Seguridad Informática

El problema fundamental de la seguridad informática es sin duda la existencia de múltiples vectores de ataque. Podemos ser atacados por nuestra red perimetral, en forma inalámbrica, por phishing, por troyanos, gusanos, virus; a través de USBs infectados, visitando páginas infectadas, etc.

Ser el encargado de seguridad informática es como ser portero, con diez delanteros tirando penalties simultáneamente; y con que nos metan un solo gol, estamos en graves problemas.

Para todos estos tipos de ataques, hay muchas herramientas para defendernos. Con suficiente presupuesto, podemos adquirir todas las herramientas de defensa de seguridad informática, contratar al personal necesario para operarlo, y asegurar los datos de nuestra organización al 99%.

Pero he aquí el problema: nunca tenemos suficiente presupuesto. Nos encantaría tener decenas de ingenieros de seguridad trabajando con nosotros, y tener todos los paquetes de software y appliances más eficientes, pero la realidad de las cosas es que simplemente nuestra organización no tiene el dinero, y si lo tiene, no quiere asignar mucho a seguridad informática. Llega uno con quien aprueba el presupuesto: "Oye, necesito esta cantidad de dinero para implementar un proceso de análisis y remediación de vulnerabilidades, y para implementar un filtro de sitios web". La persona quien aprueba el presupuesto nos contesta entonces: "¿Para qué, si ya tenemos firewall y antivirus?"

No hay duda que la gente de finanzas y la gente de TI hablamos dos lenguajes diferentes. Por eso parte del objetivo de este libro es crear un lenguaje común.

CAPITULO 2: VECTORES DE ATAQUE

Primero veamos algunos principios básicos sobre los ataques.

Hay cuatro motivaciones fundamentales detrás de las acciones de un hacker:

1.   Motivos psicológicos: es cuando el hacker ataca para obtener fama, venganza, o simplemente por diversión.

2.   Motivos políticos: cuando quien hackea es una entidad gubernamental o algún otro tipo de organización política, y el objetivo principal es el espionaje.

3.   Hacktivismo: cuando el hacker ataca como forma de protesta social en contra o a favor de alguna causa.

4.   Motivos económicos: cuando el hacker intenta robar información de valor, tal como números de tarjeta de crédito, o espionaje corporativo.

Al atacar, un hacker puede realizar las siguientes acciones:

1.   Extracción de datos: este es objetivo más usual, la extracción de números de tarjetas de crédito, bases de datos de clientes, planes estratégicos, diseños, bases de datos de emails para ataques de phishing, etc.

2. Modificación de datos: la modificación de datos es común en ataques a sitios web, con el objetivo de poner mensajes políticos, o simplemente el equivalente a grafiti digital.

3. Denegación de servicio: consiste en inundar un servidor con paquetes, para que los usuarios legítimos no tengan acceso al recurso.

4. Robo de recursos computacionales: es cuando el hacker logra tomar control de una computadora para convertirla en zombie y usarla en una botnet, o cuando usa un servidor de correo para enviar spam, o un servidor de ftp para cargar archivos, etc.

El proceso de hackeo tiene 7 fases:

1. Reconocimiento: el hacker hace un estudio inicial de la organización objetivo: revisión de su sitio web, emails disponibles, registro de IPs, teléfonos, etc.

2. Escaneo: el hacker hace un escaneo inicial de las IPs públicas de la organización, para ver si hay vulnerabilidades inmediatas. También escanea el sitio web en búsqueda de vulnerabilidades de las aplicaciones web, passwords default of fáciles de adivinar, información confidencial que haya sido publicada por accidente, etc.

3. Acceso: el hacker logra penetrar el perímetro de la organización objetivo. Esto pudo haber sido a través de una

vulnerabilidad en una IP pública, o en un sitio web, o tal vez por medio de un ataque de phishing, un USB infectado, o ingeniería social.

4. Escalación de privilegios: una vez que el hacker toma el control de una máquina dentro de la organización, tiene que penetrar más profundo en la red local. Para esto, necesita robar usernames y passwords a máquinas con información más valiosa. Esto lo puede hacer analizando tráfico, revisando remotamente documentos en la máquina controlada, o instalando un troyano para robar passwords.

5. Extracción/modificación de datos: el hacker encuentra información valiosa o vulnerable, y procede a extraerla o modificarla de acuerdo con su misión

6. Mantener acceso: el hacker va a querer volver a entrar a la red en el futuro, por lo que probablemente instalará algún tipo de "backdoor", o "puerta trasera", un programa que le permitirá conectarse remotamente a las máquinas hackeadas, en cualquier momento.

7. Eliminación de evidencia: dependiendo de la misión y sofisticación del hacker, tal vez intente borrar evidencia de su presencia en la red. Esto evitará que su intrusión sea detectada a la hora de hacer un análisis de bitácoras, lo cual causaría una búsqueda de backdoors que haya dejado en la red.

—

Hay trece vectores de ataque que puede utilizar un hacker. Analizaremos con detenimiento cada uno de ellos.

Vector 1: Exploits

Un "exploit" es un programa que se aprovecha de una vulnerabilidad en otro programa, para tomar control de un recurso computacional. Por otro lado, una vulnerabilidad es un error de programación dentro de un programa. Todo programa funciona en base a recibir datos (input), procesar datos, y presentar datos (output). Para recibir este input del usuario o de otros sistemas, el programa usa variables. Cuando un valor es asignado a una variable, este valor es almacenado en un espacio de memoria del CPU. El CPU, al ir corriendo el programa, va leyendo estos espacios de memoria, y procesa los valores insertados por el usuario. Los valores de estas variables son generalmente alfanuméricos, y el programa puede realizar todo tipo de operaciones aritméticas o lógicas con los datos proporcionados. Hasta aquí todo bien. El problema ocurre cuando el programador por accidente no valida el tipo de dato que puede recibir una variable, y/o no delimita el espacio asignable a esta variable. Cuando esto ocurre, un hacker puede introducir no un valor alfanumérico, sino su propio programa (exploit). Entonces, cuando el CPU lee ese espacio de memoria, en lugar de simplemente tomar un valor alfanumérico y procesarlo, lee el programa del hacker (el exploit), y lo ejecuta. Y generalmente lo que el exploit hace es permitirle al hacker tomar control remoto de la máquina.

Este error de programación de no validar inputs o no delimitar el espacio de memoria de la variable es ciertamente un error evitable. El problema es que se escriben miles de millones de líneas de código cada año, y aunque solo se cometa un porcentaje bajísimo de errores, estos, multiplicados por tantas líneas de código, se traducen a miles de vulnerabilidades al año en software comercial.

La forma como se descubren vulnerabilidades en software es a través de una técnica llamada "fuzzing". El fuzzing consiste en tomar un paquete de software, e introducir datos alfanuméricos al azar en las variables del programa, hasta lograr resultados inesperados por el software. Si el introducir por ejemplo un valor con un carácter alfanumérico larguísimo causa que un paquete de software se estrelle, quiere decir que muy probablemente tenga una vulnerabilidad de delimitación de espacio de memoria. Entonces el investigador puede proceder a hacer ingeniería a la inversa al paquete de software, para poder determinar exactamente cómo programar un exploit que aproveche esta vulnerabilidad detectada.

Para que una aplicación pueda ser atacada remotamente, debe presentar puertos abiertos por Internet. Si la aplicación no tiene puertos expuestos a Internet, no es vulnerable a ataques remotos, pero sí a ataques locales. Si por ejemplo un hacker toma control de una máquina usando un troyano o algún método similar, desde esa máquina podría tomar control de otras máquinas con vulnerabilidades.

Tres tipos de personas hacen investigación de vulnerabilidades: las que trabajan para la compañía de software en sí, investigadores de seguridad (trabajando en empresas dedicadas a esto, o por su cuenta), y hackers maliciosos.

Cuando un investigador de seguridad de una compañía de software detecta una vulnerabilidad en un programa de la compañía, generalmente la compañía lo anuncia inmediatamente, y publica un "patch", o sea un programa o actualización que arregla la vulnerabilidad detectada. Entonces compañías de producen scanners de vulnerabilidades incorporan esta información en su base de datos, para que los scanners puedan detectar esta vulnerabilidad en forma automática (más adelante hablaremos de scanners de vulnerabilidades).

Los investigadores de seguridad independientes, al descubrir una nueva vulnerabilidad, generalmente intentan vender esta información a la compañía de software, o a compañías que se dedican a comprar y vender información de vulnerabilidades. De igual forma esta información es comunicada al público.

Por otro lado, si un hacker encuentra una vulnerabilidad nueva, ciertamente no se lo hace saber a la compañía de software, sino que la aprovecha para hackear a compañías que tengan instalado el software vulnerable.

El gobierno de Estados Unidos cuenta con una base de datos de vulnerabilidades, nvd.nist.gov.

En cuestión del proceso de ataque con exploits (conocidos también como "sploits"), hay dos formas de realizarlos. El método antiguo ("old school", como se dice en inglés) es programar tu propio exploit, y atacar la aplicación vulnerable. También puedes descargar el código del exploit de la Internet, generalmente programado en C, Perl o Python, y lanzar el ataque en forma semi manual. Estos dos métodos requieren de un nivel de pericia alta. El otro método es utilizar alguna plataforma de pruebas de penetración. Estas plataformas te permiten automatizar el proceso; la plataforma identifica la vulnerabilidad, te indica cuál es el exploit más adecuado, y lanza el ataque. También se requiere un buen nivel de habilidad técnica, pero no tanta.

El procedimiento de ataque es el siguiente. El hacker primero checa el URL de la compañía objetivo, y ve que IPs están asociadas a ese URL. Luego checa los registros de DNS (whois) para investigar los rangos de IPs pertenecientes a la compañía. Entonces con una herramienta como Nmap, crea un mapa completo de los puertos abiertos en cada una de las IPs. Viendo el reporte, es inmediatamente obvio si una IP es potencialmente vulnerable o no. Selecciona entonces las IPs vulnerables que va a atacar. Si el ataque va a ser "old school", inicia el script, y ataca el puerto vulnerable específico. Si el ataque es exitoso, el script introduce un programa (el "payload") en la computadora vulnerable. Este payload activa un proceso dentro de la computadora, el cual abre un canal de comunicación para el hacker. Entonces el hacker se conecta remotamente a la computadora, y tiene control total de la misma. Por otro lado si el ataque es más moderno, puede utilizar Metasploit, Canvas o Core Impact para introducir el payload. Estos paquetes de software hacen el proceso más rápido y eficiente.

Aparte de las vulnerabilidades encontradas en software comercial, otra categoría de vulnerabilidades son las encontradas en aplicaciones web ("web applications").

La vasta mayoría de las aplicaciones web no son paquetes comerciales, sino que son aplicaciones desarrolladas por la empresa misma. Estas aplicaciones web, al igual que las aplicaciones tradicionales, también reciben input, procesan datos, acceden bases de datos, y presentan resultados. Pero están bajo un riesgo mucho mayor, ya que su arquitectura se encuentra totalmente expuesta a Internet.

Hay varias formas de atacar aplicaciones web, pero las dos más comunes son el SQL injection, y el cross-site scripting (xss).

El SQL injection consiste en introducir comandos de SQL en los campos de input de la aplicación web, para ver si la aplicación está programada para filtrar comandos o no. Si el programador cometió el error de no filtrar comandos de SQL de los campos de variables, es posible que el hacker introduzca comandos SQL directamente a las bases de datos de la aplicación web. Esto le podría permitir tanto extraer como modificar datos confidenciales.

El cross-site scripting consiste en introducir comandos de programación (tal como Javascript o HTML) en los campos de variables en una aplicación web. Al hacer esto, el hacker puede por ejemplo hacerle creer a una persona que está visitando un sitio seguro, cuando en realidad está visitando un sitio del hacker, quien le roba ahí su usuario y password. En otro tipo de cross-site scripting más peligroso, el servidor de hecho almacena el código malicioso sin querer, y lo presenta a cualquier persona que navegue al sitio. De esta forma un hacker puede modificar el contenido de un sitio web a su antojo, y robar datos de usuarios que visiten el sitio.

Para defendernos de este vector de ataque, tenemos que implementar scanners de vulnerabilidades que nos ayuden a detectarlas y remediarlas.

Vector 2: Passwords default

Los passwords default son aquellos que vienen pre configurados con los paquetes de software o aparatos que adquirimos. Este es uno de los primeros ataques que intenta un hacker, porque aunque parezca increíble, un porcentaje significativo de administradores de red simplemente no se molestan en cambiar el username y password de fábrica. En Internet hay listas de los usernames y passwords de paquetes de software y aparatos tales como switches, ruteadores, firewalls, conmutadores, teléfonos IP, etc.

Este es un problema operativamente fácil de arreglar; simplemente se cambia el password default y listo. El problema es cuando el administrador de red no está familiarizado con el equipo, y ni siquiera sabe que un paquete de software, o más comúnmente, un equipo de hardware tiene de hecho un password default. Podemos dar como ejemplo los teléfonos IP; todos ellos tienen un pequeño web server para administrarlos remotamente, y muchos de ellos vienen con password default. En más de una ocasión en pruebas de penetración que he hecho, he encontrado teléfonos IP con passwords default. Lo mismo se aplica a impresoras de red, ruteadores, etc.

Vector 3: Brute force de passwords

Ya que los passwords son claramente la llave de acceso a prácticamente todos los sistemas, tiene sentido atacarlos. Hay dos formas: hacer un ataque de brute force, o un ataque de diccionario, que es más refinado. El ataque brute force, o sea de fuerza bruta, consiste en probar todas las combinaciones posibles de un password, algo así como probar "aaaa", "aaab", "aaac", "aaad", etc. Sobra decir que este método es muy lento ya que las combinaciones son muchísimas. La otra opción, que generalmente funciona mejor, es un ataque de diccionario, o sea usando listas de palabras comunes. Este proceso de ataque se puede automatizar.

Y los usuarios no ayudan para nada. En un incidente de hacking reciente[1], los hackers revelaron los passwords más comunes usados por millones de usuarios. Estos son los 10 passwords más usados por ese grupo de usuarios:

1.   123456
2.   password
3.   12345678
4.   lifehack
5.   qwerty
6.   abc123

---

[1]   http://blogs.wsj.com/digits/2010/12/13/the-top-50-gawker-media-passwords/

7. 111111
8. monkey
9. consumer
10. 12345

Viendo esto eso obvio por qué los ataques de diccionario funcionan.

Hay administradores de red que creen que son inmunes a los ataques de diccionario, porque tienen configurado sus sistemas para que se bloqueen si hay más de cierta cantidad de intentos fallidos al introducir el password. Y en efecto, si se intenta utilizar un diccionario de miles de palabras en contra de un solo campo de password, éste se bloquea. Pero el ataque no se realiza así. Lo que el hacker hace es probar unos cuantas palabras del diccionario en miles de sitios web simultáneamente. Al hacer esto los sitios web no se bloquean, y simplemente por la gran cantidad de sitios atacados simultáneamente, por pura probabilidad estadística, algunos de esos sitios usan alguno de los pocos passwords probados por el ataque. Después de varios minutos, ya que se resetea el timer de bloqueo de password, el hacker intenta de nuevo (todo en forma automatizada) y así va obteniendo passwords de diferentes sitios y elementos de red expuestos a Internet. Una solución es obligar a los usuarios a usar passwords realmente fuertes, con palabras que no estén en el diccionario, e incluyendo letras, números, y caracteres especiales. Otro método de defensa posible es usar autenticación two-factor, o sea usando un password y un token. Esto se hace con sitios bancarios. Otra solución es el uso de acceso biométrico.

Vector 4: Robo de passwords

Hay dos formas de robar passwords: por medio de ingeniería social, o por medios técnicos. El método de la ingeniería social consiste en contactar a la persona y hacerse pasar por alguien más, y convencerlo de que revele su usuario y password. Un truco común es llamar a la persona por teléfono, y decirle algo como "Hola Juan, habla Pedro de sistemas. Te comento que estamos reconfigurando el sistema X, y necesito que me pases tu usuario y contraseña para borrarlos del sistema y asignarte uno nuevo". Esta llamada tiene muy buena oportunidad de tener éxito, y la única defensa es entrenar a los usuarios para detectar estos engaños. Pero de nuevo, los usuarios no ayudan. Hace unos años se hizo un estudio; se le ofreció a gente en la calle de Liverpool, Inglaterra. El 70% de ellos estuvo dispuesto a revelar su usuario y password a cambio de un chocolate. Peor aún, 34% de ellos revelaron su usuario y password sin siquiera haber sido ofrecido nada a cambio.[2]

La otra técnica para robar passwords es convencer al usuario a visitar un sitio web que parece el original, pero que en realidad es un sitio web falso creado por el hacker. El usuario entra al sitio, que se ve idéntico a su banco, su cuenta de Paypal, o la página de login de la intranet de su empresa. Al

---

[2] http://blogs.computerworld.com/would_you_sell_your_password_for_chocolate

ingresar su usuario y password, quien los recibe es el password. El usuario recibe un mensaje de error falso, y sin sospechar nada, asume que la página está temporalmente descompuesta.

Hay otro tipo de robo de passwords: cuando un empleado deja a la empresa, pero se lleva los passwords que le dan a acceso remoto a los sistemas. También ocurre que el empleado, sabiendo que va a dejar la empresa, crea sus propios passwords para usar luego, conectándose remotamente para robar o modificar información. A esto se le conoce como un "back door", o "puerta trasera".

Finalmente otro método muy sencillo para interceptar passwords es el aprovechamiento de accesos de WiFi inseguros. El hacker se conecta al punto de acceso WiFi de algún café. Otros usuarios también están conectados, checando su email sin encriptación de passwords, o navegando en http, en lugar de https. Hay paquetes de software especializados en la intercepción de paquetes (sniffers) que constantemente están monitoreando los datos fluyendo por el WiFi, y automáticamente capturan usuarios y passwords.

Vector 5: Intercepción de sesión

En este tipo de ataque (man-in-the-middle-attack), el hacker se pone en medio de la comunicación entre dos computadoras. Recibe los paquetes de la computadora A, los lee para enterarse del mensaje, y luego se los reenvía a la computadora B, quien no se da cuenta que el mensaje fue interceptado.

Este tipo de ataque requiere acceso al canal de comunicación entre las dos computadoras; por lo tanto, el hacker primero tiene que penetrar el perímetro de la red, entrar a la red local, y entonces interceptar la transmisión. Es difícil de hacer, pero es un ataque muy poderoso, porque se pueden interceptar flujos de datos, emails, y hasta transmisiones de voz que viajan en VoIP.

En una prueba de penetración que realizamos en una ocasión, logramos crackear el password WEP del cliente desde la sala de recepción; luego usamos un paquete de software que permite intercepción de VoIP, y pudimos grabar las conversaciones telefónicas de la empresa.

La encriptación es la mejor defensa en contra de la intercepción de sesión. También es importante establecer reglas de firewall robustas; por ejemplo, una regla que permita el tráfico entre todos los aparatos de voz sobre IP, pero que no le de acceso a este tráfico a IPs asignadas a PCs o servidores. De esta forma si una PC es hackeada, no tendrá la capacidad de interceptar el tráfico entre un teléfono IP y un conmutador.

Vector 6: phishing

El phishing consiste en enviar emails con ligas a sitios web falsificados, con la intención de que el usuario crea que está introduciendo su usuario y contraseña en el sitio legítimo de su banco, de su cuenta de Paypal, Hotmail, Facebook, etc.

Todos los navegadores ahora tienen un filtro de sitios de phishing, lo cual protege al usuario hasta cierto punto, ya que los navegadores tardan tiempo en detectar un sitio de phishing y agregarlos a la lista. Los hackers están constantemente creando nuevos sitios falsos y enviando emails, por lo que los primeros en recibir los emails fácilmente pueden caer.

Estos emails de phishing no solo tienen ligas a sitios falsos; también pueden dirigir al usuario a sitios infectados de malware, que pueden descargar troyanos y tomar control de la PC del usuario. Otro método es anexar algún archivo infectado (por ejemplo un PDF).

Cuando el email está específicamente personalizado para el usuario, usando su nombre, referencias a sus conocidos, su trabajo, etc., se le llama "spear phishing" (pesca con lanza).

Hay software y appliances que pueden filtrar algunos de los mensajes de phishing más obvios, pero la única defensa realmente efectiva es educar a los usuarios para que sepan reconocer emails de phishing.

Vector 7: sitios infectados con malware

Hay dos tipos de sitios infectados con malware: sitios hackeados a los que se le agregan scripts maliciosos, o sitios hechos por los hackers mismos.

El usuario, al entrar a uno de estos sitios, activa sin querer un script malicioso, que descarga malware en su computadora. El script puede estar escrito en Javascript, o puede ser un ActiveX, o un applet de Java. Si el navegador usado por el usuario es una versión vulnerable, el script puede tomar control remoto de la PC del usuario.

Otro truco común es pedirle al usuario que descargue cierto plugin para poder ver las fotos o videos del sitio, o para descargar música. Este plugin, claro está, es malware.

Los PDF también pueden llevar scripts maliciosos, y si el usuario está usando una versión vulnerable de Adobe, queda infectado.

Este vector de ataque generalmente viene combinado con una acción de phishing, pero no siempre. También es posible engañar a los usuarios para que naveguen al sitio infectado usando publicidad en línea.

Vector 8: Ataque a aplicaciones web

Las aplicaciones web mal diseñadas son una de las fuentes principales de inseguridad en una empresa. La aplicación web está expuesta a Internet, y los hackers pueden tomarse todo el tiempo del mundo para buscarle vulnerabilidades. Detrás de cada forma está una base de datos, y esto es exactamente lo que el hacker está buscando. Por lo tanto una aplicación web mal implementada le puede dar acceso total al hacker a los datos de la empresa.

La organización Open Web Application Security (OWASP) publica cada año la lista de las 10 vulnerabilidades más importantes de las aplicaciones web (www.owasp.org). De las 10 vulnerabilidades, hay dos que siempre están presentes porque son las más peligrosas: SQL injection, y cross-site scripting. En ambos casos, así como en el caso del vector 1, exploits, el error se origina en el programador, quien olvida validar el input en un campo de la aplicación web.

En el caso de SQL injection, la aplicación mal programada permite que el hacker modifique el SQL query dentro del URL, y la aplicación obedece el comando. Este es un ejemplo.

La siguiente línea de un sitio web mostraría la lista de clientes:

```
http://www.misitio.com/clientes/clientes.a
sp?clientid=123
```

Pero un hacker podría agregar un punto y coma, y un comando de SQL después:

```
http://www.misitio.com/clientes/clientes.a
sp?clientid=123; DROP
TABLE Clientes
```

Al hacer esto, si la aplicación web no valida la presencia de comandos SQL no autorizados, entonces la base de datos borrará la tabla "clientes". Con este método se pueden introducir todo tipo de comandos SQL para mostrar, modificar, y borrar datos de las tablas.

El cross-site scripting funciona en forma similar; el hacker introduce por ejemplo JavaScript en un campo de la aplicación web. Si la aplicación web salva los datos (por ejemplo en un foro), quien acceda a esa página ejecutará el script malicioso sin querer.

La solución para estos dos tipos de ataque se encuentra principalmente en la prevención. El programador debe implementar prácticas seguras de programación, y asegurarse que su programa cheque cuando instrucciones de SQL o de

Javascript sean introducidos en campos que no deben correrlos.

Vector 9: Virus, troyanos y gusanos

Los virus, troyanos y gusanos son malware que infectan computadoras con la finalidad de tomar control de las mismas, destruir datos, o simplemente causar problemas.

Los virus son programas con la capacidad de adherirse a otros programas y auto replicarse. El usuario, al compartir archivos o USBs, puede infectar a otras computadoras. Si no se puede auto replicar, no se le considera un virus. Su función principal es sabotaje, aunque muchos virus son hechos simplemente por hobby.

Los troyanos son programas que parecen inofensivos o que son virtualmente invisibles, pero que le permiten al hacker tomar acciones en la computadora infectada. Estas acciones pueden ser cosas como dar seguimiento a la navegación del usuario para poner publicidad relevante (spyware y adware), capturar usuarios y passwords de sitios visitados, especialmente sitios de banca en línea (key loggers), o convertir a la computadora infectada en una zombie parte de una botnet. Los usuarios pueden descargar juegos u otras herramientas útiles, sin saber que son troyanos.

Los gusanos son programas que tienen la capacidad de propagarse de computadora en computadora a través de la red, aprovechando vulnerabilidades.

Los programas antivirus y antimalware son generalmente efectivos en prevenir estas infecciones. Pero hay un tipo de troyano que no puede ser fácilmente detectado: los troyanos virtuales. Un troyano virtual viene instalado dentro del sistema operativo de una máquina virtual. Si una compañía usa tecnología de virtualización (tal como Vmware) y descarga una máquina virtual de la Internet, es posible que ésta venga con un troyano instalado. Por eso es importante usar máquinas virtuales solamente de fuentes conocidas.

Vector 10: Ingeniería Social

La ingeniería social es el arte de engañar a la gente para lograr extraerles información. El objetivo más común es hacer que revelen sus usuarios y contraseñas, pero también se les puede engañar para que descarguen troyanos, usen CDs o USBs infectados, o simplemente permitir el acceso físico.

Un truco común del hacker es investigar el nombre y teléfono de alguna persona en la compañía a atacar. Entonces le marca y le dice algo como "Hola Juan, habla Pedro de sistemas. Oye estamos reasignando usuarios y contraseñas para el sistema X; ¿me podrías proporcionar los tuyos para darte unos nuevos?". Increíblemente este método tan sencillo funciona muy seguido.

Otro método muy efectivo es enviarle a algún empleado por paquetería un USB que active un troyano a la hora de conectarse. Se le puede enviar una carta a la víctima con cualquier tipo de historia: que es software gratis, que incluye los reportes de ventas, o el presupuesto de algo etc.

Otro truco extremadamente efectivo es mandar hacer decenas (o cientos) de USBs con el logo de la empresa, y que contengan un troyano instalado. Entonces estos USBs se les puede enviar por mensajería a la empresa para que se reparta a los empleados, como si vinieran de marketing. O simplemente se pueden dejar regados por áreas públicas afuera de la empresa, y sin duda un alto porcentaje de los empleados, viendo el logo de su empresa en el USB, tomarán uno, lo conectarán a su computadora, y su computadora quedará infectada.

Con ingeniería social también se puede lograr acceso físico a la red de la compañía. El hacker puede llegar disfrazado de proveedor, y lograr entrar a una sala de juntas o sala de espera. Si hay un nodo de red disponible, se podrá conectar a la red local.

La única defensa en contra de la ingeniería social es el entrenamiento continuo de los usuarios. Ya que esto es muy difícil, este vector de baja tecnología es uno de los favoritos de los hackers.

Vector 11: Ataque Inalámbrico

La gran ventaja de utilizar una red inalámbrica es que estés donde estés en tu oficina, estás conectado. No tienes que andar buscando un nodo de red. La gran desventaja es que tus datos están volando por el aire, y pueden ser interceptados.

Hasta hace poco, el uso de redes inalámbricas era extremadamente riesgoso, porque el protocolo de encriptación usado, llamado WEP, se podía hackear con relativa facilidad. Afortunadamente ha aparecido un protocolo más seguro llamado WPA. No es 100% seguro, pero es suficientemente más difícil de hackear que deja de ser un vector redituable para el hacker, porque toma demasiado tiempo.

El gran problema es que a pesar de que ya hay WPA y WPA2, muchas compañías por ignorancia siguen usando WEP, y están bajo riesgo significativo.

De hecho uno de los hacks más grandes de los últimos años fue el que se hizo en contra de TJ Maxx, en la que se robaron 45 millones de números de tarjetas de crédito[3]. Este ataque se hizo contra la red inalámbrica de una de las tiendas de la cadena; los hackers estaban en un coche en el estacionamiento, usando una antena especial para amplificar la

---

[3] http://www.msnbc.msn.com/id/17871485/ns/technology_and_science-security/t/tj-maxx-theft-believed-largest-hack-ever/

señal inalámbrica de la red, a la cual le inyectaron paquetes hasta que lograron romper la contraseña. Es importante recordar que al usar una red inalámbrica, nuestros datos están fluyendo no solo dentro de nuestras oficinas, sino hacia afuera también. Por eso es importante usar WPA2 y una contraseña fuerte.

Vector 12: Robo Físico de Equipo

Este es un método bastante común, en especial en casos de espionaje industrial. Un hacker que solo busca robar tarjetas de crédito no va a intentar robarse una laptop. Pero alguien contratado para robar secretos industriales, ciertamente que sí.

Una vez que el hacker tiene acceso físico a una laptop, es solo cuestión de tiempo para que rompa la contraseña. Hay software disponible que hace exactamente eso; lo que este software hace es hacer un disco de boot alterno, generalmente en Linux, para arrancar la máquina. Entonces, desde esa instancia, se accede el disco duro, y se extrae el hash de la contraseña. Otras versiones más sofisticadas pueden leer directamente los datos escritos en el disco duro, sin necesidad del password.

La única medida en contra de la pérdida de datos por robo de equipo es la encriptación completa del disco duro. Aún así no es 100% seguro en contra de un atacante realmente determinado. Por eso es importante implementar políticas de protección de datos en la que a los usuarios no se les permita copiar datos altamente confidenciales a sus laptops, y que solo tengan acceso a estos datos en la intranet de la empresa. De esa forma evitamos que los datos salgan físicamente de la compañía.

Vector 13: Acceso físico a la red

El tener acceso físico a la red es el mayor logro del hacker. Con acceso físico y suficiente tiempo, se puede lograr lo que sea en cuestión de extracción y modificación de datos. Afortunadamente es difícil para un hacker el lograr esto, pero ciertamente hay métodos. Uno que ya mencionamos es hacerse pasar por proveedor. Esto le da acceso al hacker, pero no necesariamente mucho tiempo. Otro método, más difícil, es que el hacker se convierta en proveedor de adeveras, o peor aún, en empleado de la compañía. Un método más es sobornar a algún empleado; de esta forma el hacker le puede pedir que instale software, le de contraseñas, etc.

Una técnica avanzada que se puede implementar una vez que se logra el acceso físico es dejar conectada a la red una pequeña computadora en algún lugar escondido. Esta computadora puede estar camuflageada, por ejemplo para que parezca un UPS. Se deja debajo de un escritorio, conectado a la electricidad y a un nodo de red, y el hacker tendrá acceso al mismo vía remota, y por lo tanto acceso irrestricto a la red.

La mejor forma de mitigar este vector es a través de control físico de acceso, revisando bien quién entra a la empresa. Otro método importante es la configuración correcta de los nodos de red. Todo nodo de red que no esté conectado a un equipo, debe ser desactivado desde el switch. Muchas compañías tienen todos los nodos activos, y además con DHCP. Esto le facilita mucho las cosas al hacker.

CAPITULO 3: DEFENSA

El objetivo de defender una red es proteger la confidencialidad, integridad, y disponibilidad de los datos contenidos en la misma. Esto es difícil, porque las acciones que tomemos para proteger la confidencialidad y la integridad de los datos automáticamente reducen la disponibilidad, y viceversa. Si quisiéramos un nivel de confidencialidad máxima, fácil, simplemente encriptamos los datos, los desconectamos de la red, y los encerramos en una caja fuerte reforzada en un sótano de concreto. Así tenemos 100% de confidencialidad. Pero también tenemos 0% de disponibilidad. Nos podríamos ir al otro extremo; para lograr una disponibilidad de los datos de 100%, fácil, lo publicamos todo sin contraseña en un sitio web público; pero obviamente la confidencialidad sería 0%.

Entonces el defensor tiene el difícil trabajo de lograr un equilibrio razonable entre las tres variables de confidencialidad, integridad y disponibilidad (el cual es diferente para cada conjunto de datos), y bajo un presupuesto generalmente limitado.

Porque esa es la otra variable importante: el presupuesto. Si tuviéramos recursos ilimitados, compramos todo el software y hardware habido y por haber, y un equipo de mil ingenieros monitoreando cada login y cada paquete fluyendo por la red. Pero eso no lo podemos hacer en la vida real.

Por lo tanto, debemos tomar en consideración dos principios estratégicos fundamentales de la ciberdefensa: el principio de "Defensa en Profundidad", y el principio del "Oso".

El concepto de "Defensa en profundidad" consiste en poner varias barreras redundantes alrededor de los datos que queremos proteger. Esto tiene dos grandes ventajas. Primero, si falla una línea de defensa, la siguiente línea bloqueará el ataque. Segundo, aunque el hacker sea muy hábil, cada línea de defensa le consume tiempo. Si un objetivo representa una inversión de tiempo y esfuerzo demasiado grande, es más probable que el hacker desista en su ataque. Lo que nos lleva al siguiente principio estratégico.

El principio del "Oso" está basado en el dicho de que si te viene persiguiendo un oso, no tienes que correr más rápido que el oso, sino más rápido que tus compañeros. En otras palabras, debemos endurecer nuestra red no al 100%, sino endurecerla más que otras compañías, así la inversión en tiempo y esfuerzo del hacker es poco productiva, en comparación con otras empresas. Si otras empresas u organizaciones presentan objetivos más fáciles para el hacker, menos chance de que nos hackeen a nosotros. Es todo cuestión de análisis de inversión vs. riesgo.

Para endurecer nuestra red y hacerla menos atractiva para los hackers, hay cinco procedimientos que debemos cumplir:

1. Prevención de intrusión: evitar que el hacker entre a nuestra red.

2. Detección de intrusión: si el hacker entra, debemos de detectar que está adentro.

3. Prevención de extracción: una vez que lo detectamos, debemos evitar que extraiga o modifique información.

4. Eliminación de intrusión: finalmente debemos de eliminar la presencia del hacker en nuestra red.

5. Prevención de denegación: si el ataque es de denegación de servicio, debemos de tomar medidas para asegurar que nuestros usuarios sigan teniendo acceso a la información requerida.

Entonces, vemos que tenemos 13 vectores de ataque, y 5 procedimientos de defensa. En base a esto, construiremos los controles que lógicamente tenemos que implementar para detener cada uno de los vectores de ataque, usando los procedimientos de defensa. Veamos ahora los controles.

Control 1: Firewalls, Ruteadores, y Switches

Vectores de ataque que previene: 1-Exploits; 13-Acceso físico a la red.

Procedimiento de defensa: 1-Prevención de intrusión.

Tipo de software utilizado: software de administración de firewalls ("firewall management")

El arma de prevención de intrusión por excelencia es el firewall. Como todos sabemos, el firewall separa el interior del exterior de nuestro perímetro; es la compuerta que deja entrar y salir a datos y usuarios de acuerdo a reglas establecidas. Sin firewalls estaríamos totalmente expuestos a hackeo inmediato. Ahora, con simplemente poner un firewall y unas cuantas reglas básicas no es suficiente. Para nuestro modem personal que tenemos en casa las reglas son sencillas: permite la salida de http y https, y no permitas la entrada de nada. Pero en nuestra organización las reglas son mucho más complejas, y tenemos más de un firewall. El mayor riesgo en estos casos es que las reglas se pongan tan complejas, y tengan tantas excepciones, que no sepamos con certeza qué tipo de tráfico y qué IPs tienen qué permisos. Esto es lo que debemos observar.

Además de los firewalls, tenemos nuestros ruteadores y switches. Configurados adecuadamente, representan una línea de defensa importante. Por ejemplo la configuración de las VLANs en la red local hace la diferencia entre acceso irrestricto para un hacker, o hacerle el trabajo muy difícil. Cuando yo hacía pruebas de penetración, una vez vulnerado el perímetro (relativamente fácil de hacer, ya hablaremos de eso), si la red de mi cliente tenía VLANs, se me dificultaba mucho las cosas. Pero si no, desde la máquina vulnerada podía ver todo el tráfico fluyendo por la red con sniffers, y tomar todo tipo de acciones, como encontrar otras máquinas vulnerables, o hasta interceptar passwords y llamadas telefónicas sobre VoIP.

Existe la creencia en algunos administradores de red que si ya tienen su firewall, están seguros; su red no podrá ser vulnerada por hackers. Y nada está más alejado de la realidad. Si visualizamos a nuestro firewall como una muralla alrededor de nuestra fortaleza de datos, en efecto, la muralla nos protege del "ataque terrestre" del hacker. Pero no nos protege del ataque "aéreo": phishing y sitios infectados con malware.

Si el hacker le envía al usuario un email con un PDF infectado, y si la computadora del usuario tiene una versión vulnerable de Adobe, entonces el hacker podrá tomar control de la computadora, y el firewall nada podrá hacer al respecto. De hecho el programa del hacker se conectará de la computadora vulnerada a la computadora del hacker fuera de la red vía http, y el firewall lo permitirá sin problemas.

Dentro de este control podemos implementar 9 procesos específicos:

a)   Prueba de efectividad de firewalls

Existe software de auditoría de firewalls que permite verificar en forma automática las reglas de los firewalls. El software puede hacer pruebas dinámicas para ver cómo se comportan los patrones de tráfico al atravesar los firewalls.

b)   Análisis de vulnerabilidades a elementos de red

Aparte de la configuración de reglas en los firewalls, debemos escanear a todos los elementos de red para detectar vulnerabilidades en sus sistemas operativos. Estos scans se pueden realizar con scanners de vulnerabilidades. Hablaremos sobre los detalles del escaneo de vulnerabilidades más adelante.

c)   Implementación de VLANs

La implementación de VLANs en los switches limita el libre tránsito de un hacker si penetra la red. Cuando se tienen subredes demasiado generales, el hacker, al vulnerar una computadora, puede ver el tráfico de toda la subred ya que hay un broadcast de paquetes a todas las IPs; analizando el tráfico puede ver qué otras máquinas están presentes en la red, y de ahí atacarlas. Al dividir nuestra red en redes virtuales, o VLANs, reducimos significativamente el dominio del broadcast de

---

43

paquetes, por lo que el hacker solamente puede ver los paquetes que fluyen dentro de la VLAN donde se encuentra, reduciendo así el riesgo de que detecte otras IPs vulnerables. De igual forma, las IPs de usuarios que requieren acceso a servidores con datos confidenciales se pueden poner en la misma VLAN, de esa forma las IPs de los servidores con estos datos valiosos solo pueden ser contactados por esas IPs (al menos que en el firewall les des permiso a otras IPs.) Las ventajas de seguridad son claras, sin embargo muchas empresas desestiman el uso de VLANs. En mis experiencias como pen tester, en cuanto veía que había VLANs, sabía que las cosas iban a ser mucho más complicadas. Sí hay técnicas para brincarse de una VLAN a otra; a esta técnica de hacking se le conoce como "VLAN hopping". La técnica consiste en usar un paquete de software de emula ser un switch; entonces el hacker puede inyectar paquetes dentro de la red física, emulando ser de la VLAN1 aunque esté en la VLAN2. No se nos olvide que las VLANs son por definición virtuales, por lo que sí son manipulables a nivel paquete. Entonces no es una línea de defensa perfecta; pero recordemos que el objetivo es la defensa en profundidad: poner muchas piedras en el camino del hacker, para hacer el ataque extremadamente difícil e improductivo.

d)   Desactivación de nodos de red no utilizados

En una prueba de penetración que hice para un cliente, el primer día simplemente llegué a su edificio, entré al área de recepción, vestido de traje y con mi laptop, y me senté en la sala de espera. La recepcionista ni me volteó a ver. Entonces chequé la pared, y en efecto, ahí había un nodo de red. Tranquilamente saqué mi laptop y un cable de red, y me conecté al nodo. No solo estaba el nodo activo, sino que tenía DHCP, por lo que me asignó una IP inmediatamente. Y en efecto, pude ver la subred entera de esa oficina de la compañía. Después de eso procedí a hacer lo que un pen tester tiene que hacer.

Es fundamental tener un catálogo de todos los nodos de la red, y tenerlos todos desactivados por default, y solo irlos activando conforme ciertos equipos lo vayan requiriendo. Tampoco uses DHCP en forma generalizada; usar IPs estáticas es más laborioso, pero también más seguro. Si requieres usar DHCP para un conjunto de empleados que van y vienen, pon ese rango de IPs en su propia VLAN. Si tienes a clientes, proveedores o invitados que entren a tu organización y requieren Internet, te sugiero que adquieras un servicio de banda ancha aparte, y les des acceso inalámbrico; de esa forma su tráfico no toca tu red.

e)   Implementación de DMZ

Todos los servidores de correo, web, ftp, proxy, VoIP, o cualquier otro servidor que tenga una IP pública, debe estar en la red perimetral, también conocida como la DMZ. Con eso nos aseguramos que estos servidores, que están bajo ataque constante, estén en su propia red, y que si ésta es vulnerada, el hacker no pueda penetrar a la LAN.

Hay dos formas básicas de implementar la DMZ: con un firewall, o con dos firewalls. Estas son las arquitecturas:

1) *Implementación de DMZ con un firewall*

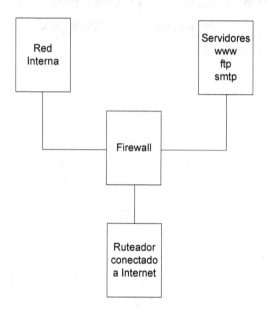

2)   *Implementación de DMZ con dos firewalls*

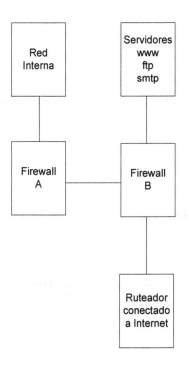

La segunda topología de implementación es la más segura, ya que si el firewall B es vulnerado, el hacker aún tendría que atravesar el firewall A. La recomendación es que el firewall A y B sean de diferentes compañías; de esta forma si hay una vulnerabilidad específica en el firewall B, ésta no se encontrará presente en el firewall A.

f)   Documentación de reglas de ingreso y egreso

El software de auditoría de firewalls permite visualizar en forma jerárquica todas las reglas de los firewalls en la red, y cómo funcionan estas reglas en conjunto. De esta forma estamos seguros que las reglas cumplen con su cometido, y que no hay reglas redundantes que afecten el desempeño de la red. Un proceso muy importante consiste en revisar periódicamente las reglas del firewall, y desactivar aquellas reglas que ya no están en uso.

La forma como se recomienda ordenas las reglas es en 5 grupos[4]:

1.   Reglas de bloqueo ("deny") globales: En estas reglas tienes todos los protocolos que nunca se permitirán, y las conexiones entre IPs prohibidas (tal como "any to any").

2.   Reglas de acceso ("allow") globales: En estas reglas están todos los protocolos permitidos a todo el mundo, tal como http outbound y DNS, como ejemplos.

3.   Reglas para computadoras específicas: Aquí tenemos interacciones específicas entre IPs con IPs internas y externas. Por ejemplo, aquí puedes poner las reglas que restringen el acceso a los servidores importantes a solo ciertas IP que requieren el acceso.

[4] http://technet.microsoft.com/en-us/library/cc995156.aspx

4. Reglas para IPs específicas, URLs específicos, protocolos especiales.

5. Reglas para todo lo demás.

Debemos poner especial atención a las reglas en los grupos 3, 4, y 5, que son las que podrían cambiar con el tiempo.

g) Automatización del control de cambios

El administrador de red o seguridad informática está siempre bajo presión de los usuarios para abrir puertos, y permitir accesos a ciertas IPs y URLs. A veces estos cambios están justificados, y a veces no. Pero lo importante es que tengas un proceso formal para hacer estos cambios. El software de auditoría de firewalls te permite llevar un control de cambios sobre las reglas y configuraciones, para evitar la creación accidental de reglas inseguras, o que reglas que violen las normas establecidas por la empresa.

h) Implementación de VPN para accesos remotos

El objetivo de implementar una VPN es darle acceso remoto a nuestra LAN al usuario, generalmente empleados o socios de negocios. Aquí el riesgo que enfrentamos es que si la computadora del usuario es vulnerada, el hacker puede tener acceso a nuestra LAN. Entonces la primera consideración es que el rango de IPs que estés usando para la VPN debe de tener permisos mínimos de acceso dentro de la LAN. Obviamente esto se aplica a toda computadora, aún las que están conectadas físicamente dentro de la compañía, pero es importante estresar que las computadoras que están conectadas por VPN no están dentro de tu perímetro de seguridad, o sea que no las estás protegiendo con tus firewalls, así que hay que considerarlas como un mayor riesgo. De hecho debes considerar a las IPs que entran por VPN como si fueran una DMZ. Así que configura el firewall para darle acceso a los usuarios de VPN solo a las IPs que realmente necesitan acceder (como la intranet, por ejemplo), y solo a los protocolos que requieren usar. Si por ejemplo los usuarios de la VPN solo necesitan acceso a la intranet de la empresa, entonces permite http y https, pero no permitas ningún otro protocolo. Como medida extra de seguridad, puedes implementar un firewall separado para la red VPN, exactamente como una DMZ tipo 2.

Por otro lado, el hardware para VPNs puede presentar vulnerabilidades. Ese punto lo cubriremos en el control 8, escaneo y remediación de vulnerabilidades.

i)   **Análisis de bitácoras de firewalls**

El firewall nos sirve no solo para bloquear accesos, sino para detectar intrusiones y hacer análisis forense después de un ataque.

La herramienta principal para detectar intrusiones dinámicamente es nuestro sistema de IPS/IDS. Pero hay cosas que el IPS no puede detectar. Por ejemplo, si una computadora se infecta con un troyano, y ese troyano intenta salir por http a su servidor de control, el IPS tal vez no lo detecte, porque el http outbound está permitido. Pero si al analizar las bitácoras de tu firewall ves que hubo varias computadoras tratando de conectarse a una IP en China a las 2am, entonces sabrás que algo anda mal. Por eso es importante hacer un análisis manual y minucioso, diario, de las bitácoras. Y conforme vayas viendo comportamiento inusual que no habías previsto, lo puedes ir incluyendo en tus reglas de firewall y del IPS. Por ejemplo en el caso del troyano, sabiendo que ninguno de tus usuarios tiene nada que hacer visitando IPs en China, entonces en el firewall bloqueas todos los rangos de IP de ese país.

Otra cosa que verás en tus bitácoras de firewall son los intentos continuos de acceso de los hackers. Si has visto tus bitácoras alguna vez, sabrás que toda IP pública está bajo una lluvia constante de escaneo de puertos; hay cientos de miles de hackers allá afuera, con programas automáticos, escaneando los puertos de todos los rangos de IPs, buscando aperturas. En general no te tienes que preocupar por ese "ruido". Pero si ves en tus bitácoras intentos constantes de conexión de ssh a una IP tuya que tiene un login vía ese protocolo, entonces sabrás que están tratando de romper el password de esa IP, o sea que ya es un ataque específico, el cual requiere acción preventiva de tu parte.

Una técnica avanzada usada por hackers sofisticados es "desensibilizar" las defensas de tu red. Harán escaneos y ataques de bajo nivel constantes a tus IPs y URLs. Al principio esto activará alarmas, pero el ataque de bajo nivel continuará varios días, y te acostumbrarás y concluirás que "no pasa nada". Entonces dentro de ese ruido, el hacker comenzará un ataque real. Hay software que te ayuda a analizar las bitácoras, pero hasta ahora nada sustituye a la deducción de una mente humana.

Control 2: Implementación segura de DNS

Vectores de ataque que previene: 1-Exploits

Procedimiento de defensa: 1- Prevención de intrusión

Software utilizado: scanner de vulnerabilidades

Si tu organización tiene pocos usuarios y poco tráfico de http y correo, lo más recomendable es que uses alguno de los DNS públicos disponibles, tal como el de Google DNS (http://code.google.com/speed/public-dns/), u OpenDNS (http://www.opendns.com/). En teoría estos dos servicios son más seguros que usar los DNS de tu proveedor de Internet, simplemente porque son compañías grandes y conocidas, con millones de usuarios. Si hay un incidente de hacking a estos servidores de DNS, todo el mundo se enterará inmediatamente. Lo cual no es necesariamente el caso con los DNS de tu proveedor de Internet. Si usas DNS públicos, su seguridad no son tu problema, más allá de mantenerte informado de su status.

Por otro lado si tu organización tiene suficiente tráfico hacia Internet, seguramente tienes tus propios servidores DNS instalados, ya que las resoluciones de direcciones se guardan en el cache, y funcionan más rápido. Si este es tu caso, el riesgo al que te enfrentas el llamado "DNS hijacking", o sea cuando el hacker toma control de tu servidor de DNS, y adquiere la capacidad de redirigir tu tráfico a los sitios que el hacker quiera. Tu usuario podría entonces poner en su navegador el URL de su banco en línea, y el tráfico sería redirigido a un sitio idéntico, excepto que bajo control del hacker, quien le robará el usuario y password, o peor aún, hacer un ataque "man in the middle", el cual podría hasta interceptar los datos del token bancario.

Veamos ahora los procesos específicos de este control:

a)   Escaneo de vulnerabilidades en servidores DNS

El ataque a un servidor DNS se hace exactamente como a cualquier otro servidor; por lo tanto el primero control que debemos implementar es el escaneo y remediación de vulnerabilidades, para evitar que sea atacado mediante un exploit. Tanto el sistema operativo del servidor, como el software de DNS mismo, pueden presentar vulnerabilidades. El software de escaneo de vulnerabilidades te permitirá detectar y remediarlas.

b)   Endurecimiento de servidores DNS

El endurecimiento de un servidor en general consiste en cambiar las configuraciones default para que sean más seguras. Este es un proceso general que veremos en el control 9, pero hay procesos de endurecimiento específicos para servidores DNS. El proceso más conocido es checar el cache para verificar que no haya sido modificado ilegalmente ("cache poisoning"). El software de análisis de vulnerabilidades y cumplimiento con normas ("policy compliance") te ayuda a automatizar totalmente todos los procesos relacionados al endurecimiento del DNS.

Control 3: Administración de passwords

Vectores de ataque que previene: 2-Password default; 3-Ataque bruteforce a passwords; 4-Robo de passwords

Procedimiento de defensa: 1-Prevención de intrusión

Software utilizado: scanner de vulnerabilidades, autenticación two factor.

Siendo este uno de los vectores de ataque más usados, hay mucho que hacer para mitigar su riesgo.

Sus procesos son los siguientes:

a)   Escaneo de vulnerabilidades en passwords

Este proceso consiste en escanear tus servidores para detectar la presencia de IPs default o fáciles de adivinar. El scanner de vulnerabilidades hace esto automáticamente, pero generalmente hay que configurarle el diccionario de passwords correcto, ya que éste puede cambiar de país en país. Cada que el scanner detecta una forma que acepta passwords, prueba todos los passwords default relevantes, y el diccionario de ataque, para ver si logra acceder.

b)   Escaneo de políticas de passwords

Este es un proceso que se realiza con el scanner de cumplimiento de políticas. El scanner detectará cosas como listas de usuarios con passwords en blanco, los permisos de acceso de los usuarios, la política de longitud mínima de password, la política de frecuencia de caducación de passwords, política de bloqueo de passwords, etc.

c)   Eliminación de passwords default

Aparte de eliminar los passwords default al encontrarlos durante un scan, este proceso consiste en eliminarlos en cuanto el hardware o software es adquirido.

d)   Uso de autenticación two factor en servidores

Para todo servidor que contenga información realmente valiosa, implementa login mediante autenticación two factor, o sea usando password y un token, o acceso biométrico.

e)   Uso de autenticación two factor en PCs

Ya hay muchos modelos de laptops que vienen con un lector de huella digital; ve sustituyendo tus modelos actuales por estos modelos con autenticación biométrica.

Control 4: Inventario de hardware

Vectores de ataque que previene: 1-Exploits

Procedimiento de defensa: 1-Prevención de intrusión

Software utilizado: scanner de vulnerabilidades, software de administración de redes

A veces ocurre que un usuario instala su propio servidor en la red de la compañía; o trae un modem inalámbrico y lo instala si autorización. O más complicado aún, instala Vmware o alguna otra plataforma virtual en su computadora, y se pone a descargar aplicaciones virtuales de la Internet. Estas aplicaciones serán virtuales, pero desde el punto de vista de seguridad, representan exactamente el mismo nivel de riesgo que el hardware físico. Una máquina virtual tiene un sistema operativo y aplicaciones reales, las cuales pueden venir vulnerables; además la máquina virtual tiene una IP, por lo que en teoría puede ser hackeada. Por lo tanto, las máquinas virtuales deben ser parte del inventario de hardware.

Veamos ahora sus procesos:

a)   Levantamiento de inventario de hardware en la red

Un scanner de vulnerabilidades te puede hacer un mapa completo e inventario de tu hardware; también puedes usar software de administración de redes. Marca el hardware autorizado, y genera reportes para todo hardware que no esté en tu lista autorizada. Para servidores y equipos de red, no uses DHCP, sino IPs estáticas. En tu inventario de hardware lleva una correlación entre el hardware y su IP asignada. Así podrás correlacionar el hardware con los permisos de firewall del equipo físico.

b)   Desactivación de hardware no autorizado

Desactiva todo hardware que no esté autorizado. Te recomiendo que establezcas políticas firmes en cuestión de la instalación de hardware sin autorización. Una forma de controlarlo es no usar DHCP, y administrar con cuidado la asignación de IPs. Además, es recomendable que no permitas el uso de máquinas virtuales sin autorización, ya que trae vulnerabilidades a la red, y además pueden venir infectadas con troyanos virtualmente indetectables. El scanner de vulnerabilidades puede detectar la presencia de Vmware y otros paquetes de software de virtualización, y puede detectar máquinas virtuales corriendo.

Control 5: Inventario de software

Vectores de ataque que previene: 1-Exploits

Procedimiento de defensa: 1-Prevención de intrusión

Software utilizado: scanner de vulnerabilidades, software de administración de redes

Mantener un inventario de software actualizado es mucho más difícil que mantener el inventario de hardware, por la simple razón que los usuarios pueden descargar e instalar software en sus PCs.

Ahora revisemos sus procesos:

a)   Levantamiento de inventario de software en la red

Este levantamiento se hace usando el scanner de vulnerabilidades. El scanner tiene la capacidad de conectarse a la computadora, y ver la lista de software instalado en la computadora. Entonces se puede generar un reporte de software no autorizado.

b)   Desinstalación de software no autorizado

Este proceso tiene un componente proactivo y uno reactivo. En forma proactiva, cuando instales nuevo hardware, haz un scan para ver qué software viene de fábrica, y desinstala todos los paquetes que no vayan a ser utilizados; entre menos software, menor la superficie de ataque. En forma reactiva, en base al reporte de levantamiento de inventario de software, desinstala el software que haya sido agregado en la red sin autorización.

Control 6: Inventario de puertos y servicios

Vectores de ataque que previene: 1-Exploits

Procedimiento de defensa: 1-Prevención de intrusión

Software utilizado: scanner de vulnerabilidades

En cuestión de puertos y servicios (protocolos) usados en una red, hay una distinción clara entre los protocolos que se deben permitir, y los que nunca deben estar activos. Por ejemplo, el telnet es un protocolo inseguro, sustituido hace mucho por ssh, por lo que no debe ser permitido en tu red. De los protocolos permitidos, algunos son más vulnerables a ataque que otros, por lo que la filosofía debe ser: protocolo que no tenga un uso específico, hay que prohibirlo.

Veamos ahora los procesos relacionados a este control:

a)   **Levantamiento de inventario de puertos y servicios**

Este levantamiento se hace con el scanner de vulnerabilidades. Genera un reporte de todos los puertos y servicios detectados en tu red. Hay protocolo que obviamente debes permitir (http, dns, smtp, etc.) y otros que obviamente debes eliminar (telnet, irc, etc.), pero habrá otros que no estás seguro para qué se están usando. Checa las computadoras que estén usando estos servicios desconocidos, y ve qué aplicación los está usando. Luego coteja con tu inventario de software para ver si ese paquete está autorizado o no.

b)   Desactivación de puertos y servicios innecesarios

Hay dos procedimientos: primero remueve el software no autorizado que esté activando esos puertos y servicios. Después, asegúrate de bloquear en tus firewalls todos los protocolos que estén estrictamente prohibidos en tu red. De esta forma la próxima vez que un usuario instale un software no autorizado con servicios no autorizados, el firewall los bloqueará. En caso de duda, bloquea el servicio. Seguramente el usuario te hablará para ver que pasa, y te enterarás inmediatamente de la instalación no autorizada del software.

Control 7: Inventario de GUIs

Vectores de ataque que previene: 2 – Passwords default; 3-Ataque bruteforce de passwords

Procedimiento de defensa: 1-Prevención de intrusión

Software utilizado: scanner de vulnerabilidades; sniffer de tráfico.

Las interfaces web (GUI, "graphical user interface") que aceptan usuarios y passwords son una clara vulnerabilidad. Sin duda tienes bien identificadas las GUI de tus aplicaciones web. El problema es que muchas veces ciertos paquetes de software y hardware vienen con pequeños servidores web para su administración, y vienen activados por default. Por ejemplo la mayoría de los teléfonos VoIP tienen integrado un servidor web de administración; cuando conectas el teléfono y le asignas una IP, al acceder esta IP en el puerto 80, puedes ver la GUI del teléfono, que generalmente viene con un password default, y por lo tanto fácilmente hackeable. En un análisis de vulnerabilidades que realicé para una entidad gubernamental, el elemento que más vulnerabilidades presentó durante el escaneo fueron los servidores web de las impresoras multifuncionales que acababan de adquirir; no tenían ni idea que venían con una GUI para su administración.

El único proceso es el siguiente:

a)   Inventario de las interfaces web en la red

El primer paso es correr scans para detectar qué IPs tienen los puerto 80 y 443 abiertos. Toda interface web de login usa generalmente https, y a veces http. Generalmente estos protocolos corren en los puertos 443 y 80 respectivamente, pero no siempre; a veces los servidores web de administración activan puertos inusuales. Entonces, también debes hacer análisis de tráfico periódicos con un sniffer de tráfico, o analizando las bitácoras de tu firewall, para ver qué IPs están transmitiendo http y https.

En forma proactiva, cada vez que instales hardware y software nuevo, checa la documentación para ver si trae una GUI.

Control 8: Escaneo y remediación de vulnerabilidades

Vectores de ataque que previene: 1-Exploits; 8-Ataque a aplicaciones web

Procedimiento de defensa: 1-Prevención de intrusión

Software utilizado: scanner de vulnerabilidades; software de virtual patching

Recordando lo que mencionamos en la sección de vectores de ataque, una vulnerabilidad es un error de programación que le permite a un hacker el introducir su propio programa en una variable del programa vulnerable, tomando así control de la máquina en cuestión. El escaneo de vulnerabilidades detecta a estos programas con un alto grado de precisión, y nos indica cómo remediarlas.

Estos son los procesos relacionados con este control:

a)   Escaneo de vulnerabilidades

Hay dos categorías de escaneo de vulnerabilidades: escaneo a software normal, y escaneo a aplicaciones web. Estos escaneos son radicalmente diferentes, por lo que procederé a explicar cada uno.

La forma como un scanner hace la detección de vulnerabilidades en software normal es conceptualmente muy sencillo. Hay dos tipos de scans que podemos realizar: autenticado, y sin autenticar. Cuando el scan se hace sin autenticar, lo que el scanner hace es detectar qué puertos tiene activos la máquina escaneada. En base a los puertos abiertos, deduce qué software relacionado a esos puertos está instalado. Luego, coteja una base de datos de vulnerabilidades, y si el software instalado corresponde con algún software reportado como vulnerable, lo indica en el reporte de resultados. Sin embargo, el escaneo sin autenticar es menos preciso que el escaneo autenticado, ya que al tratar de detectar el software instalado usando solo como base los puertos abiertos, puede haber más errores, o sea falsos positivos. Por eso, el método más preciso y recomendado es el escaneo autenticado. En este tipo de escaneo, el scanner tiene su propio usuario y password en la máquina a ser escaneada. Entonces hace login en forma automática, y checa la lista de software instalado. Entonces procede a cotejar esta lista de software instalado con la base de datos de software vulnerable, y en base a esto genera un reporte. Al saber exactamente qué software tiene instalada la máquina, por lógica el scan es mucho más preciso. Pero aún así puede haber falsos positivos, ya que software que fue desinstalado o actualizado a veces deja pistas falsas, tal como registros en el registry, o folders instalados, que pueden confundir al scanner. Pero los scanners líderes en el mercado pueden llegar a tener una precisión a nivel 6 sigma, o sea solo

3.4 errores por millón de escaneos, un error siendo un falso positivo o un falso negativo.

El otro tipo de escaneos es a aplicaciones web. Este tipo de scan es activo, en el sentido de que el scanner inyecta códigos de SQL o de JavaScript; si la aplicación web responde con errores, entonces quiere decir que es vulnerable a SQL injection o a cross-site scripting, respectivamente. Por lógica aquí no puede haber falsos positivos, ya que el scanner no está haciendo una inferencia sobre la presencia de cierta versión de un paquete de software, inferencia que puede ser errónea; lo que está haciendo es una prueba activa, sobre la aplicación web en vivo, y ve como responde ésta. En base a su respuesta en vivo se determina si es vulnerable o no.

b)   Remediación de vulnerabilidades de alto riesgo

Una vez que corremos el scan y tenemos los resultados, lo importante es enfocarnos a las vulnerabilidades de más alto riesgo. Generalmente para remediar una vulnerabilidad hay que instalar un parche ("patch"), pero en muchas otras ocasiones hay que desactivar ciertos servicios, desinstalar ciertos software, o simplemente no hay nada que hacer porque el software vulnerable es un 0 day y no hay solución aún.

c)   Remediación de vulnerabilidades de riesgo mediano y bajo

Después de remediar las vulnerabilidades de alto nivel, hay que remediar las de mediano nivel. Las de bajo nivel generalmente no son tan importantes; si tienes tiempo de remediarlas adelante, pero por lógica siempre atiende las de más alto nivel primero. Esto puede sonar obvio, pero a veces el solucionar las de bajo nivel es mucho más fácil, y podemos invertir nuestro valioso tiempo enfocándonos en lo más fácil.

d)   Implementación de patching virtual

Lo que hace el software de virtual patching es recibir el reporte de vulnerabilidades del scanner, y proceder a bloquear el acceso a las aplicaciones que fueron reportadas vulnerables. De esta forma, mientras procedemos a arreglar las vulnerabilidades, que puede tomar horas, días o semanas (esperemos que no meses), la aplicación vulnerable está protegida de ataque. El patching virtual funciona fundamentalmente como un firewall o IPS especializado instalado en servidores y PCs. Este firewall-IPS lo que hace es filtrar cualquier tipo de tráfico malicioso que vaya dirigido a la aplicación vulnerable. Este es un excelente método de mitigar el riesgo de ataque a esa aplicación, mientras el patching permanente es implementado.

Control 9: Endurecimiento de servidores y Pcs

Vectores de ataque que previene: 1-Exploits; 2-Passwords default

Procedimiento de defensa: 1-Prevención de intrusión

Software utilizado: scanner de vulnerabilidades

Cuando adquirimos hardware y software nuevo, muchas de las variables de configuración pueden venir parametrizadas en forma insegura. Por ejemplo, las políticas de uso de password pueden ser débiles, o puede permitir el uso de USBs. Otros controles son absolutamente esotéricos, pero no por eso menos importantes. Por ejemplo, el uso del archivo "/etc/csh.cshrc" en Linux define las características del C shell; el acceso a este archivo le permitiría a un hacker el alterar variables en todo el sistema que le permitiría escalar privilegios o el lanzamiento de rootkits; por lo mismo el acceso a este archivo debe ser limitado.

El endurecimiento de servidores y PCs es un proceso difícil, ya que hay literalmente miles de controles específicos que configurar, dependiendo del sistema operativo y software instalado. Afortunadamente este proceso es automatizable con un scanner de vulnerabilidades que tenga la función de cumplimiento con normas ("policy compliance")

Veamos ahora los procesos:

a)   Escaneo de políticas de endurecimiento en servidores

Este proceso consiste en usar el scanner para detectar todas las configuraciones de los servidores. El reporte te indicará cuáles configuraciones son inseguras; procede a cambiar las configuraciones de acuerdo a las instrucciones del reporte.

b)   Escaneo de políticas de endurecimiento en PCs

Este procedimiento es idéntico al anterior, excepto que para PCs.

Control 10: Web application firewall

Vectores de ataque que previene: 8-Ataque a aplicación web

Procedimiento de defensa: 1-prevención de intrusión

Software utilizado: scanner de vulnerabilidades

Las aplicaciones web son actualmente uno de los vectores de ataque más comunes, por la simple razón que una aplicación web está abierta al público. Los hackers tienen todo el tiempo del mundo para estarle metiendo datos hasta encontrar una vulnerabilidad. Hay una organización, la "Open Web Application Security Project", conocido como OWASP (www.owasp.org), que publica cada año la lista de las 10 vulnerabilidades más comunes en aplicaciones web. Las dos vulnerabilidades más comunes es el SQL injection, donde el hacker introduce comandos de SQL en búsqueda de acceso a las tablas de la base de datos, y cross-site scripting, donde el hacker introduce comandos de Javascript, con el objetivo de tomar control de la sesión del navegador. Veamos como el web application firewall previene esto.

a)   Implementación de Web Application Firewall

Lo que una web application firewall (WAF) hace es leer los datos que se introducen en una aplicación web. Si ve que los datos

---

introducidos son comandos de SQL o Javascript, los bloquea. En teoría el programador de la aplicación web debería de hacer esta validación a nivel programático, pero como se escriben miles de millones de líneas de código al año, de vez en cuando se va a cometer errores. Para eso instalamos la WAF. Un punto importante es que aunque tengamos una WAF, de todas formas debemos escanear las aplicaciones web directamente, y remediar las vulnerabilidades de origen. Siempre es posible que la WAF falle o sus defensas sean burladas con ataques novedosos que la WAF aún no puede bloquear. De igual forma, el software mismo de la WAF puede ser vulnerado. Recuerda el principio de Defensa en Profundidad.

Control 11: Protección de bases de datos

Vectores de ataque que previene: indistinto

Procedimiento de defensa: 1-Prevención de intrusión; 3-Prevención de extracción; 4-Prevención de modificación

Software utilizado: Software de prevención de pérdida de datos ("data loss prevention, DLP"), firewall de bases de datos.

Hay dos fuentes de pérdida de datos: primero, las prácticas inseguras de los usuarios. Un usuario sin malicia puede acceder a documentos clasificados, y luego enviarlos a alguien vía email sin encriptar. Y segundo, los hackers que intentan extraer información de la empresa.

La protección de las bases de datos se hace de varias maneras. Primero, hay que asegurarnos que el software mismo no tenga vulnerabilidades (Oracle, SQL Server, mySql, etc.) Segundo, debemos evitar el acceso no autorizado a las bases de datos en sí. Y tercero, debemos de monitorear el flujo de los datos mismos a través de la red.

Estos son los procesos relacionados a este control:

a) Escaneo de vulnerabilidades en plataforma de bases de datos

Este procedimiento de hecho cae dentro del control 8, escaneo y análisis de vulnerabilidades. El software de bases de datos, como cualquier otro software, puede presentar vulnerabilidades tipo buffer overflow. Ya que las bases de datos contienen lo más valioso en la empresa, siempre se le debe dar prioridad a la remediación de vulnerabilidades en las mismas.

b) Escaneo de políticas de endurecimiento de bases de datos

De igual forma que el proceso anterior, este proceso a su vez cae dentro del control 9, endurecimiento de servidores y PCs. Hay un conjunto de políticas específicas para base de datos que deben ser configuradas a la hora de user el scanner de cumplimiento con normas ("policy compliance"), y de igual forma, su remediación debe tener las más alta prioridad. Estas políticas están enfocadas a la configuración del software de la base de datos con referencia a los permisos de acceso a las tablas, permisos para cambios de configuración, timeouts the conexión, y literalmente cientos de otras políticas, que afortunadamente el scanner checa automáticamente.

c) Implementación de firewall de base de datos y sistema de prevención de pérdida de datos (data loss prevention, DLP)

El firewall de base de datos y el sistema de prevención de pérdida de datos cumplen funciones complementarias, pero operativamente diferentes. El firewall de base de datos se ubica topológicamente enfrente de la base de datos, filtrando cualquier comando SQL no permitido, y monitoreando y reportando la actividad de la base de datos: tablas accedidas por usuario, datos modificados, etc. Pensarías que con el Web Application Firewall sería suficiente, pero no: si un hacker vulnera la red local sin pasar por una aplicación web, entonces el WAF no previene nada, ya que el hacker tiene acceso a la base de datos vía la LAN. Es en este caso de que el firewall de base de datos bloquea cualquier intento de extracción o modificación de datos. El firewall de base de datos se puede configurar con reglas muy específicas, por ejemplo indicando qué tipo de comandos SQL son permitidos desde qué IPs.

Ahora, mientras que el firewall de base de datos funciona primordialmente a nivel SQL, el sistema de Data Loss Prevention (DLP) detecta el flujo y almacenamiento de datos específicos (datos en reposo). Para detectar datos en flujo, la arquitectura consiste en mandar una copia del flujo de tráfico en la red al appliance o servidor donde está el DLP, para que éste examine los datos. El DLP viene con expresiones regulares ("regular expressions") pre programadas para detectar patrones conocidos de datos delicados, tal como números de tarjeta de crédito. Y le puedes programar cualquier otra expresión regular para detectar datos específicos de tu empresa. Por ejemplo, los documentos confidenciales de tu empresa pueden ser marcados con la frase "confidencial-para uso interno", y el DLP detectará la presencia de este texto. Puede detectar patrones de datos en cualquier tipo de archivo: Word, Excel, PDF, tablas de bases de datos, emails, etc. Si el DLP detecta flujo de datos clasificados como confidenciales, activa una alerta.

Para detectar datos almacenados, también conocidos como datos en reposo, el sistema de DLP hace un scan a servidores que puedan contener información. Al hacer el scan, busca los patrones de datos determinados, y genera reportes al respecto. Además de correr scans, para el caso de laptops y PCs, se puede instalar un agente que esté monitoreando y reportando la presencia de patrones de datos, y si estos datos son extraídos vía algún protocolo como http, o vía USBs, CDs, etc.

Una subcategoría del DLP es conocida como "data masking", u ocultamiento de datos. Software de data masking toma datos de una base de datos, y solo presenta información selectiva, en base al usuario. Por ejemplo, si una tabla contiene los nombres y tarjetas de crédito de clientes, el sistema de data masking puede ser configurado para que cuando un empleado acceda la tabla vía una aplicación, sólo pueda ver el nombre del cliente y los cuatro últimos dígitos de la tarjeta de crédito, pero no el número completo.

Control 12: Antimalware

Vectores de ataque que previene: 9-Virus, troyanos y gusanos

Procedimiento de defensa: 1-Prevención de intrusión

Software utilizado: software antimalware; scanner de vulnerabilidades

Los virus son el malware más conocido por los usuarios, y en general la mayoría de la gente toma la precaución de instalar un antivirus en su computadora. Al implementar este control, debemos de asegurarnos de que tanto un antivirus como un firewall personal estén instalados.

Veamos los procesos:

a)   Instalación de AV en todas las máquinas
El sistema de antivirus debe incluir antispyware. Se recomienda que tenga un módulo de administración centralizada.

b)   Instalación de firewall personal en todas las máquinas
Cada vez es más común que los paquetes antivirus vengan con un firewall personal incluida.

c)   Escaneo de auditoría de AV y firewall personal

Hay que utilizar el scanner de vulnerabilidades o de cumplimiento de políticas para checar que todas las máquinas tengan el antivirus y firewall personal instalado.

Control 13: Protección de plataformas móviles

Vectores de ataque que previene: indistinto

Procedimiento de defensa: 1-prevención de intrusión

Software utilizado: software antimalware móvil

El aseguramiento de la plataforma móvil es un gran reto. Los teléfonos celulares y tabletas se han convertido en plataformas por lo menos tan importantes como las laptops y PCs para acceder los datos corporativos, sobre todo el correo electrónico. Sin embargo, en la mayoría de los casos los usuarios ni siquiera se molestan en ponerles passwords a sus teléfonos móviles. Además de el riesgo que se corre si se pierde el equipo, cada vez se incrementa más el riesgo de malware en las plataformas móviles. Ya existen todo tipo de virus y troyanos específicos para cada sistema operativo móvil, y ahora que el Java se usa cada vez más para aplicaciones móviles, aparecerá más malware relacionado a este lenguaje.

Al implementar un sistema de protección de plataforma móvil, es imperativo que tenga un control centralizado desde el cual podamos configurar y monitorear el status de seguridad de los teléfonos celulares de los usuarios. Las plataformas de seguridad móvil más avanzadas no solo te permiten controlar políticas de seguridad básicas como los passwords y la protección en contra de malware, sino que te permiten controlar las políticas basándose en la posición geográfica del teléfono celular. Otras soluciones también incluyen firewall y IPS para el celular.

Veamos los procesos requeridos para mitigar este riesgo:

a)   Implementación de passwords en plataforma móvil

Checa que todos los teléfonos celulares tengan un password configurado.

b)   Protección en contra de malware en plataforma móvil

El malware en plataformas móviles es cada día más común. Existen virus, inclusive virus con la capacidad de propagarse por Bluetooth; pero el riesgo principal son los troyanos. Hay muchas descargas de aplicaciones móviles disponibles, y esto es fácilmente usado para introducir troyanos. Conforme las plataformas móviles se vayan usando cada vez más para realizar transacciones financieras, los casos de malware móvil se irán incrementando. Asegúrate que la plataforma de seguridad móvil que adquieras tenga protección en contra de malware, así como firewall e IPS.

c) Capacidad de bloqueo remoto

Con este proceso implementado, en el momento de que un usuario te reporte que su teléfono celular fue robado, lo podrás bloquear inmediatamente. Algunas soluciones también te permiten ubicar el celular geográficamente, si éste tiene GPS.

d) Capacidad de eliminación remota de datos

Al implementar este control, tendrás la capacidad de borrar los datos del teléfono celular remotamente, si no se pudo recuperar.

Control 14: Protección de redes inalámbricas

Vectores de ataque que previene: 11-Ataque inalámbrico

Procedimiento de defensa: 1-Prevención de intrusión

Software utilizado: software de detección y prevención de intrusión inalámbrica

El problema principal de las redes inalámbricas es que los datos están volando por el aire. Esto le da al hacker todo el tiempo necesario para analizar los datos y tratar de romper la encriptación, sentado afuera de tu edificio. Como vimos en la sección de vectores, el protocolo WEP es fácil de romper, por lo que sobra decir que no debe estar presente en ninguna parte de tu red inalámbrica; usa solo WPA, y asegúrate que el password sea realmente largo, y con caracteres alfanuméricos. WPA ciertamente es más seguro, pero aún así puede ser caceado si el password es corto. Un password muy largo y con caracteres poco comunes minimizan por mucho el riesgo. Desde el punto de vista de arquitectura de seguridad, se recomienda que las IPs asignadas a los puntos de acceso inalámbrico estén segregados en su propia VLAN, y las reglas de acceso a la LAN estén bien identificadas y administradas. Si el objetivo de la red inalámbrica es solo darle acceso a Internet a usuarios que se estén moviendo por el edificio, y/o a visitantes, te recomiendo que mejor contrates un servicio de banda ancha con modem inalámbrico que esté conectado a una línea telefónica; de esta forma ese tráfico queda totalmente aislado de tu red local. Si los usuarios conectados a la red inalámbrica requieren acceso a recursos en la red local, lo puedes proveer por VPN, exactamente como si estuvieran conectados remotamente. De esa forma la seguridad la concentras en el punto de acceso de la VPN, y no te tienes que preocupar tanto por la red inalámbrica.

Además del riesgo a nivel protocolo, existe la posibilidad de vulnerabilidades en el software del punto de acceso. Para eso hay que escanear las IPs de los puntos de acceso con el scanner de vulnerabilidades.

Estos son los procesos:

a)   Escaneo de vulnerabilidades en puntos de acceso inalámbricos
El scanner de vulnerabilidades detectará si el software de los puntos de acceso es vulnerable a ataques tipo exploit. Además el scanner te ayuda a rápidamente detectar las IPs de los puntos de acceso.

b)   Implementación de wireless IPS
Los sistemas de prevención de intrusión inalámbricos (WIPS) están diseñados específicamente para redes inalámbricas, y tienen capacidades que van más allá del IPS en

tu LAN. Un WIPS puede tener las siguientes funcionalidades:

Mapeo de las zonas de cobertura de la red inalámbrica. Esto te sirve para ver si tu red inalámbrica se está desbordando fuera de tu edificio.

Lista de puntos de acceso no autorizados. Es posible que un usuario traiga su propio punto de acceso para crear su propia mini red inalámbrica. Con esta funcionalidad detectas puntos de acceso no autorizados.

Muestra qué IPs y direcciones MAC están conectadas a qué punto de acceso. En base a esto puedes crear alertas

Alerta cuando un usuario se conecta a un punto de acceso no autorizado. Esto previene que un hacker active un punto de acceso afuera de tu edificio y tus usuarios se conecten creyendo que es legítimo. Si esto ocurre, el hacker puede leer el tráfico del usuario conectado.

Control 15: Filtrado de email y sitios web

Vectores de ataque que previene: 6-Phishing; 7-Sitios infectados; Virus, troyanos y gusanos

Procedimiento de defensa: 1-Prevención de intrusión

Software utilizado: software antimalware

Los vectores de ataque de phishing y de sitios infectados son muy usados por hackers por la simple razón de que nuestros usuarios son generalmente el eslabón más débil en nuestra cadena de seguridad. Si se le envía un email de phishing bien diseñado a un usuario, las probabilidades de que abra el email y descargue el un PDF infectado son extremadamente altas. De igual forma, no es difícil engañar a un usuario para que visite un sitio web infectado con malware. Por otro lado, existe el ataque vía "malvertising", el cual consiste en poner anuncios en sitios de buena reputación, pero los anuncios, que parecen legítimos, llevan al usuario a sitios infectados con malware. Hasta el usuario más sofisticado puede caer en esta trampa.

Estos son los procesos ligados a este control:

a)   Implementación de filtrado de emails

El filtrado de email se usa principalmente para evitar spam, pero los sistemas más avanzados también tienen la capacidad de detectar archivos con virus, emails de phishing, ligas a sitios web inseguros.

b)   Implementación de filtrado de sitios web

Los filtros de sitios web son proxies a través del cual el usuario se conecta a Internet, y bloquea el acceso a cualquier sitio que contenga malware.

Control 16: Sistema de prevención y detección de intrusión

Vectores de ataque que previene: indistinto

Procedimiento de defensa: 2-Detección de intrusión

Software utilizado: software de detección y prevención de intrusión

Los sistemas de detección y prevención de intrusión funcionan detectando comportamiento sospechoso en el tráfico de nuestra red. Esta detección se hace de tres formas consecutivamente más complejas:

1. Análisis de protocolo. Este proceso es el más básico, y consiste en revisar las secuencias de paquetes en los protocolos que están fluyendo en la red. Cada protocolo (http, ssh, ftp, etc.) tiene secuencias de paquetes normales; cualquier desviación de éstas puede representar un ataque.

2. Detección en base a firmas: Este es el proceso más común. Consiste en comparar las secuencias de paquetes con secuencias de ataque conocidas, las cuales se conocen como "firmas" o "reglas". Estas reglas pueden ser muy sencillas, por ejemplo, la regla puede indicar que se debe activar una alarma o bloquear los

paquetes, si cierto protocolo está siendo enviado a cierta IP. También se pueden tener reglas que busquen líneas de texto en los paquetes, tal como "/bin/sh". Hay miles de reglas preestablecidas, y tu puedes agregar reglas nuevas relevantes para tus sistemas.

3. Análisis estadístico: el sistema se deja un tiempo en modo de aprendizaje, para que aprenda qué comportamientos en cuestión de uso de protocolos y flujos entre IPs es normal. Luego, cuando hay una desviación sobre este comportamiento, emite una alarma. Si la alarma la marcas como falso positivo, el sistema aprende del error.

En mi experiencia haciendo pruebas de penetración aprendí que los sistemas de prevención de intrusión son una barrera formidable contra el hacker. Ciertamente hay técnicas para evadir sistemas de prevención de intrusión, pero no son fáciles de ejecutar, y las compañías que fabrican los sistemas constantemente están actualizando las reglas y algoritmos, haciéndolos más sofisticados e inteligentes. Un sistema de IPS elimina a los hackers amateurs y mediocres de la ecuación, y solo los hackers elite pueden maniobrar con cierto grado de éxito en una red con un buen sistema de IPS implementado.

Este control solo tiene un proceso relacionado:

a)   **Implementación de sistema de detección y prevención de intrusión**

Control 17: Análisis de bitácoras

Vectores de ataque que previene: indistinto

Procedimiento de defensa: 2-Detección de intrusión

Software utilizado: software de análisis de bitácoras

Prácticamente todo el hardware y software en tu red genera una bitácora, donde se registran todo tipo de eventos. En las bitácoras quedan registrados eventos importantes para el buen funcionamiento y la seguridad de tu red, pero ya que son tantos datos, esto se tiene que automatizar usando software de análisis de bitácoras. Un hacker talentoso puede evadir tu IPS y establecer una presencia en tu red, y de ahí lentamente y con todo cuidado comenzar a explorar, buscando pacientemente otras vulnerabilidades. Pero aunque evada el IPS, sus acciones, por muy mínimas que sean, serán reportadas de una forma u otra por aplicaciones y hardware, y registradas en bitácoras. El reto es analizar estas bitácoras y descubrir estos patrones poco obvios de intrusión sigilosa.

Veamos sus procesos:

a)   Análisis de bitácoras

El análisis de bitácoras gira alrededor del concepto de correlación de eventos. En términos generales, dos o más eventos pueden estar correlados ya sea porque ocurrieron al mismo tiempo, o porque fueron parte de una secuencia lógica. El análisis de bitácoras es un proceso fundamentalmente manual; el software que existe para ayudarnos en este proceso digiere la información y la presenta en forma legible y gráfica, para que un cerebro humano pueda entonces detectar patrones en los datos. Este es un punto muy importante; hay soluciones que activan alertas al detectar ciertos eventos (ver inciso "b"), pero aún no son muy inteligentes. Se requiere una combinación de una o más personas analizando los datos metódicamente, y alertas automáticas.

b)   Alertas de eventos sospechosos

Al implementar este control, nos aseguramos que los eventos de seguridad sospechosos más comunes automáticamente activen alertas de seguridad. El problema de las alertas automáticas es que son demasiado genéricas, por lo que pueden fácilmente generar demasiados falsos positivos. Por eso insisto que lo importante es combinar automatización con el análisis inteligente y creativo de la mente humana.

Control 18: Análisis de tráfico

Vectores de ataque que previene: indistinto

Procedimiento de defensa: 2-Detección de intrusión

Software utilizado: software de análisis de tráfico

El análisis de tráfico consiste en tomar un muestreo del tráfico de datos en nuestra red, para entender principalmente las siguientes variables de los paquetes:

1. IP de origen
2. IP de destino
3. Puerto de origen
4. Puerto de destino
5. Protocolo

El análisis de tráfico se hace principalmente como parte de la administración de la capacidad de la red, a través de la mejora de la topología lógica y física. Pero también se puede utilizar con fines de análisis de seguridad.

Estos son los procesos:

a) Análisis de tráfico

Este proceso es similar al análisis de bitácoras. En teoría, nuestro sistema de prevención de intrusión debería detectar todo tráfico sospechoso, pero no siempre es el caso. A veces un hacker puede ocultar su tráfico muy bien y no activar el IPS. Por eso es necesario que alguien cheque con frecuencia los reportes de análisis de tráfico, y busque IPs de origen y destino inusuales, así como puertos y protocolos que no deberían de estar presentes.

b)   Alertas de tráfico sospechoso

Hay aplicaciones de análisis de tráfico sofisticadas que nos permiten establecer alertas basados no solo en IPs y protocolos, sino también en el flujo de datos de aplicaciones específicas. Por ejemplo, si ciertas aplicaciones comienzan a enviar datos a una IP externa en horas de la noche, puede indicar actividad sospechosa, y activar una alarma.

Control 19: Monitoreo de integridad de archivos

Vectores de ataque que previene: indistinto

Procedimiento de defensa: 2-detección de intrusión

Software utilizado: scanner de vulnerabilidades

Cuando un hacker toma control de una máquina, a veces cambia archivos de configuración en el proceso. Si este cambio se hizo fuera del proceso formal de control de cambios, es una señal inmediata de intrusión. De igual forma, si el hacker introduce un paquete de software modificado que contenga software malicioso, el monitoreo de integridad lo detectará.

Este es el proceso relacionado:

a)   Monitoreo de integridad de archivos

El software de monitoreo de integridad de archivos funciona sacando un hash de los datos del archivo o aplicación, y luego periódicamente comparando el hash original con el hash actual. Si éste cambia, el software emite una alarma o reporte.

Control 20: Prevención de pérdida de datos

Vectores de ataque que previene: indistinto

Procedimiento de defensa: 3-Prevención de extracción; 4-Prevención de modificación

Software utilizado: software de prevención de pérdida de datos ("data loss prevention") y software de ocultamiento de datos ("data masking")

El proceso de prevención de pérdida de datos (data loss prevention) consiste en monitorear los datos en tránsito y reposo, para detectar flujos de datos prohibidos, o almacenamiento de datos inseguros.

Veamos los procesos:

a)   Implementación de sistema de prevención de pérdida de datos

Hay tres tipos de sistemas de prevención de pérdida de datos: de red, de almacenamiento, y de PC.

Los sistemas de red se encuentran posicionados en el perímetro, en los puntos de egreso de datos, y constantemente monitorean los datos saliendo de la red; el sistema se configura con palabras

96

clave; si se detectan estas palabras (tales como "secreto", "estados financieros", "patentes", etc.), se activa la alarma.

Los sistemas de almacenamiento escanean las bases de datos y archivos, determinando la seguridad del almacenamiento; por ejemplo, si detecta que archivos con las palabras clave se encuentran en un servidor ftp, se activa la alarma.

Los sistemas de PC checan si las palabras clave fluyen o son almacenadas en las PCs.

b) **Implementación de dynamic data masking**

El proceso de "data masking" consiste en ocultar parcialmente algunos campos de datos, y presentar otros en forma completa. Por ejemplo, si tu organización procesa tarjetas de crédito, dentro de un proceso de datos se puede hacer un ocultamiento parcial del número de tarjeta de crédito, y presentar completo el nombre del tarjetahabiente. De esta forma se pueden crear reglas de acceso a datos a nivel de campo en una tabla de datos.

Control 21: Encriptación de datos en transmisión

Vectores de ataque que previene: indistinto

Procedimiento de defensa: 3-Prevención de extracción; 4-Prevención de modificación

Software utilizado: software de encriptación de datos

La arquitectura de las redes locales actuales funciona a través de switches o ruteadores, en donde cada máquina se conecta en forma individual al switch; por lo tanto, los datos fluyen de máquina a máquina, casi sin riesgo de intercepción. Es por esto que realmente no es necesario encriptar datos que fluyen por la red local, al menos que sean extremadamente secretos. Lo que sí es requerido es la encriptación de datos cuando éstos viajen por redes externas, específicamente la Internet.

Estos son sus procesos relacionados:

a)   Encriptar datos transmitidos
Si tu organización requiere transmitir datos constantemente entre oficinas o a otras organizaciones, el mejor método es establecer una VPN (virtual private network). A través de la VPN le puedes dar acceso a partes de tu red local a usuarios remotos. Ahora, si el

objetivo es solamente proveer acceso a algunos archivos, te conviene más establecer una extranet, usando https y autenticación; es más fácil de implementar y de limitar el riesgo.

b)   Encriptar email

Todos sabemos que los emails que enviamos por la Internet sin encriptar pueden ser leídos en el camino. Desde el punto de vista práctico, es muy difícil encriptar todos nuestros emails, porque para esto tendríamos que tener la llave pública del destinatario, y son pocas las personas que se toman el trabajo de generar una llave pública. Por esto, aunque nosotros tengamos la intención de encriptar nuestros emails, si los demás no cooperan, no funciona. Esto explica por qué casi no se usa la encriptación de email. En lugar de tratar de encriptar el email, debemos asegurarnos de que cuando tengamos que comunicar datos clasificados, lo hagamos por medio de un memo, encriptarlo, y enviarlo como un adjunto en el email, o a través de un servicio de transmisión segura de archivos.

Por otro lado, lo que sí debemos encriptar es la comunicación entre la computadora y el servidor de correo, en casos de que se usen redes inalámbricas. Si un usuario está conectado a la red local vía Ethernet, es poco probable que la comunicación sea interceptada. Sin embargo, si el usuario se encuentra en un punto de acceso de WiFi público, y se conecta con su cliente de email al servidor de correo sin encriptar, el username y password de su cuenta es muy fácil de interceptar. Una táctica común durante pruebas de penetración es sentarse en un café cercano a la compañía objetivo, conectarse al servicio gratuito de Internet inalámbrico, activar un sniffer, y esperar a que los empleados entren y se conecten. Es por esto que es importante que si se usa un cliente de email de web, nos aseguremos que use HTTPS, y si es un cliente tipo Microsoft Outlook, esté configurado para encriptar la comunicación entre el cliente y servidor. De igual forma, se puede utilizar una VPN.

Control 22: Encriptación de datos en almacenamiento

Vectores de ataque que previene: indistinto

Procedimiento de defensa: 3-Prevención de extracción; 4-Prevención de modificación

Software utilizado: software de encriptación de datos

Las bases de datos contienen la información más importante de tu organización, y la encriptación de datos almacenados es fundamental para su seguridad, ya que no sólo queda protegida de amenazas externas, sino de robo de información interno también.

Veamos los procesos:

a)   Encriptar datos almacenados

Hay dos niveles de encriptación que podemos implementar. Primero, todos las plataformas de base de datos traen su propio proceso de encriptación de las tablas. Esto puede ser suficiente si la información no es confidencial. Segundo, si la información es realmente confidencial, se puede utilizar alguna plataforma de encriptación de base de datos, que le agrega una capa extra de encriptación a las mismas, y una mejor administración de los passwords y privilegios.

b)   Encriptar discos duros de PCs y laptops

Este proceso consiste en encriptar todo el contenido de las PCs y laptops, para evitar la extracción de datos en caso de robo del equipo. De igual forma, el método de acceso recomendado es el biométrico, a través de un lector de huella digital.

Control 23: Defensa en contra de denegación de servicio

Vectores de ataque que previene: indistinto

Procedimiento de defensa: 6-Prevención de denegación

Software utilizado: soluciones de filtrado de paquetes; servicios de redireccionamiento de tráfico

Una denegación de servicio ("denial of service, DOS"), es un tipo de ataque en el que se lanza una gran cantidad de requerimientos de http (o algún otro protocolo) contra un sitio web, con el objetivo de saturarlo y no permitir que responda a usuarios legítimos. Estos ataques se hacen ya sea por venganza, hacktivismo, o para realizar chantaje económico; un sitio web de comercio electrónico puede perder mucho dinero por cada minuto que está fuera de línea.

Los ataques no son siempre en contra de http o algún protocolo de red; también se pueden hacer en contra de otros recursos del servidor, tal como el espacio de memoria.

Estos son los procesos relacionados con este control:

a)   Monitoreo de uso de recursos en sitios web

Hay que implementar procesos que monitoreen el consumo de ancho de banda, el CPU, y el espacio en disco de los servidores, para detectar a tiempo la saturación en el consumo de recursos. También se debe contratar un servicio de monitoreo de disponibilidad de sitios; estos servicios en línea envían periódicamente requerimientos de http al servidor, y si éste no responde, o tarda mucho en responder, emiten una alerta por email y/o sms.

b)   Implementación en contra de denegación de servicio

Hay dos opciones para defenderse en contra de denegación de servicio. Lo primero que se puede hacer es adquirir un equipo que se instala en la red local, por el cual pasa todo el tráfico de entrada; lo que hace es que analiza el tráfico de Internet, para determinar si los paquetes que están llegando son de ataque, y los filtra. Estos aparatos tienen una alta capacidad de CPU, por lo que es muy difícil que se saturen. La segunda opción es contratar un servicio de filtrado de tráfico. En este caso el dominio a ser protegido es redirigido no a la IP del servidor web, sino a una IP de la compañía que provee el servicio de filtrado. El tráfico llega al centro de datos de esa compañía, quien lo analiza, y filtra los paquetes de ataque, y luego procede a enviar los paquetes legítimos a la IP del servidor web, para que éste responda el requerimiento.

Control 24: Entrenamiento a usuarios

Vectores de ataque que previene: 4-Robo de passwords; 6-Phishing;   7-Sitios infectados; 10-Ingeniería social

Procedimiento de defensa: 1-Prevención de intursión; 3-Prevención de extracción; 4-Prevención de modificación

Software utilizado: NA

Desgraciadamente no podemos instalar un firewall en las mentes de los usuarios de nuestra red (aún). Lo único que nos queda es entrenarlos continuamente para que no caigan víctimas del phishing y de la ingeniería social.

Una parte del problema es la falta de conocimiento, pero la otra parte del problema es que a muchos usuarios simplemente no les importa la seguridad; no lo ven como un problema para ellos. Como mencionamos anteriormente, en Inglaterra hicieron el experimento de ofrecerle un chocolate a la gente que iba pasando por la calle, a cambio del password de acceso de sus redes corporativas. Increíblemente, más del 70% aceptó el chocolate a cambio del password. Obviamente no les importa. Por eso se recomienda la implementación de algún tipo de política de recursos humanos, en la que si se demuestra que hubo un incidente de seguridad por no seguir procedimientos, la persona responsable sea despedida.

Este es el único proceso de este control:

a)   **Curso básico de seguridad informática para usuarios**

Control 25: Control de acceso físico

Vectores de ataque que previene: 12-Robo físico de equipo; 13-Acceso físico a la red

Procedimiento de defensa: indistinto

Software utilizado: NA

Recuerdo haber leído en algún lado una prueba de penetración que hizo una compañía. El pen tester se hizo pasar por empleado de la empresa, y sin problema entró a la oficina. Se sentó en un cubículo desocupado, conectó su laptop, y le pidió a soporte que le asignara una IP, cuenta de email, y línea telefónica. En menos de una semana, el pen tester estaba participando en las fiestas de la compañía, y había extraído todo tipo de datos. Todo el mundo simplemente asumió que pertenecía a la compañía. Este es un caso extremo, pero ilustra la importancia de la seguridad física. Todo flujo de personas debe ser controlado y auditado por medio de tarjetas de acceso. Desde el punto de vista arquitectónico, el mejor diseño es tener las salas de juntas en el área de recepción, para que los visitantes ni siquiera tengan acceso al área de oficinas cuando visiten.

Estos son los procesos:

b) **Control de acceso con autenticación two factor a área de trabajo**

c) **Control de acceso con autenticación two factor a área de servidores**

Control 26: Pruebas de penetración

Vectores de ataque que previene: indistinto

Procedimiento de defensa: indistinto

Software utilizado: software de pruebas de penetración ("pen testing")

Generalmente si tenemos una arquitectura de seguridad sólida, podemos parar 90% de los ataques. Las pruebas de penetración son para detectar esas cuarteaduras en la muralla que representan el otro 10%.

Hay dos formas de realizar las pruebas de penetración: contratar a un pen tester externo, o tener un equipo interno. El tener un equipo interno reamente solo es económicamente viable para empresas grandes, pero esta inversión tiene el potencial de reducir el riesgo tremendamente, ya que se tiene un equipo de hackers éticos constantemente tratando de hackear la red, en tiempo real, y reportando los problemas detectados. Si no se tiene presupuesto para esto, el contratar a un hacker ético externo es la siguiente mejor opción. Se recomienda que las pruebas de penetración se hagan con una frecuencia trimestral, y que no solo sean técnicas, sino también de ingeniería social, que es donde las empresas fallan más.

Estos son los procesos relacionados a este control:

a)   **Prueba de penetración técnica**

b)   **Prueba de ingeniería social**

Control 27: Plan de respuesta a incidentes

Vectores de ataque que previene: indistinto

Procedimiento de defensa: indistinto

Software utilizado: NA

El último control consiste en implementar un plan de respuesta a incidentes. Este plan no tiene que ser muy complejo (se pueden encontrar guías en Internet); puede tener unas cuantas páginas. El objetivo es tener por escrito los procedimientos a seguir en caso de que ocurran diferentes escenarios de pérdida de seguridad, para que la respuesta sea automática y ordenada, y no se pierda tiempo tratando de decidir qué hacer en el momento de la crisis.

Este es el proceso de este control:

a)   **Implementación de plan de respuesta y recuperación de incidentes**

TABLA DE CONTENIDO